MONNAIES

GRECQUES, ROMAINES

Françaises et Étrangères

MÉDAILLES ET JETONS

Livres de Numismatique

Vente aux Enchères Publiques

A PARIS, HÔTEL DES COMMISSAIRES-PRISEURS, RUE DROUOT

SALLE N° 9 AU PREMIER ÉTAGE

LE MARDI 23 DÉCEMBRE 1913

A DEUX HEURES PRÉCISES

EXPOSITION PUBLIQUE UNE HEURE AVANT LA VACATION

Commissaires-Priseurs :
Me JULES HUGUET
4, rue Pasquier
Me ANDRÉ DESVOUGES
26, rue de la Grange-Batelière

Expert :
M. J. FLORANGE
17, rue de la Banque

PARIS

CONDITIONS DE LA VENTE

La vente sera faite au comptant.

Les acquéreurs payeront, en sus des adjudications, dix pour cent.

L'exposition mettant les acheteurs à même de juger l'état des pièces, aucune réclamation ne sera admise aussitôt l'adjudication prononcée.

M. J. FLORANGE se charge des commissions qui lui seront confiées aux conditions habituelles (5 o/o sur la limite).

Il se réserve le droit de diviser ou de réunir les lots.

MONNAIES

GRECQUES, ROMAINES

Françaises et Étrangères

MÉDAILLES ET JETONS

Livres de Numismatique

VENTE AUX ENCHÈRES PUBLIQUES

A PARIS, HÔTEL DES COMMISSAIRES-PRISEURS, RUE DROUOT

SALLE N° 9 AU PREMIER ÉTAGE

LE MARDI 23 DÉCEMBRE 1913

A DEUX HEURES PRÉCISES

EXPOSITION PUBLIQUE UNE HEURE AVANT LA VACATION

Commissaires-Priseurs :	*Expert :*
Me JULES HUGUET 4, rue Pasquier Me ANDRÉ DESVOUGES 26, rue de la Grange-Batelière	M. J. FLORANGE 17, rue de la Banque

PARIS

FRANCE

MONNAIES ROYALES, etc.

1 Bordeaux. **+ BVRDEꟼALI**. Tête à dr. ℞. **MAVROLNAM**. Croix ancrée (Belf. 1068 var. — Prou 2151 var.). Triens. Or. *Très rare. Voyez planche.*

2 Région du Berry. **ASAΓI...ΓM..NET** (rétrograde). Buste à dr. ℞. **SOLLITVS MONETA**.. Croix accostée de **AR** dans un cercle de grènetis (Belf. 360 var.). Triens. Or. *Voyez planche.*

3 Région du Nord. St-Omer ? **+ CHADIMERI**. Croix cantonnée de 4 globules. ℞. **FRADDOMV**(ndus) **M**. Dans le champ ꟺ. Triens à légendes rétrogrades. Or. Inédit. *Voyez planche.*

4 Frise... **OITИ**. Buste diadémé à dr. ℞. **PΔTENЄꟼIΔ**. Croix sur un globe. A l'ex. : **ΠIΔ**. Triens. Or. TB. *Voyez planche.*

5 **Charlemagne**. Obole de Melle au monogramme. TB.

6 **Louis le Débonnaire**. Denier et obole de Melle, deniers au temple chrétien. 4 p. TB.

7 **Charles le Chauve**. Deniers. Melle, Orléans, Saosnes. 5 p. TB.

8 **Charles le Gros**. Denier de Nevers — Eudes. Denier de Limoges — Charles le Simple. Deniers et oboles de Melle. 6 p. B.

9 **Louis IV d'Outremer**. Deniers de Langres et de Nevers (Gar. LV, 10 et 19). 2 p. TB.

10 Monnaies capétiennes diverses. 30 p. B.

11 **Charles IV**. Deux mailles blanches, l'une avec **FRANChORVM**, l'autre avec **FRANCORVM** (7 et 9). 2 p. TB.

12 **Philippe VI**. Ecu d'or (3). TB.

13 Gros à la queue (22). 2 p. TB.

14 **Jean le Bon**. Ecu d'or (1). B.

15 Franc à cheval (10). 2 p. variées. B.

16 Florin d'or (11). TB.

17 Gros blanc à la couronne, à la fleur de lis, etc. (25, 31, 33, 39 et 49). 8 p. B.
18 **Charles V**. Franc à pied (2). Or. TB.
19 Gros tournois et blancs (6 et 7). 4 p. TB.
20 **Charles VI**. Écu d'or (1) 2 pièces. TB.
21 Écus d'or, Paris et Tournay. 2 p. TB.
22 Agnel d'or, Briançon ou Mirabel (3 — *Ann. de numism.*, 1894, p. 280). B.
23 2 gros variés aux fleurs de lis, petit dauphin, etc. (11, 14, 16, etc.). 11 p. TB.
24 **Henri V et VI**. Double tournois (11) et blancs (6) — Charles VII et VIII, florettes, etc. 13 p. B. et TB.
25 **Charles VII**. Écu d'or, Tours (2). TB.
26 Royal d'or, La Rochelle (9). TB.
27 **Charles VIII**. Écu d'or au soleil, Poitiers (2). TB.
28 Douzain fr. à Tarascon — Louis XI et XII. Gros de roi, douzain au porc-épic, Bordeaux, etc. 5 p. B.
29 **Louis XII**. Écu d'or au soleil, La Rochelle (1). TB.
30 Écu d'or au soleil, Lyon (1). 2 var. TB.
31 Écu d'or au soleil, Tours (1). TB.
32 Écu d'or au soleil, pour la Bretagne, Nantes (4). TB.
33 Écu d'or aux porcs-épics, Montpellier (6). TB.
34 Écu d'or aux porcs-épics, Rouen (6). TB.
35 Écu d'or au porc-épic, pour la Bretagne, Nantes (9). TB.
36 **François I**. Écu d'or au soleil, Lyon (1). TB.
37 Écu d'or au soleil, Bayonne (2). TB.
38 Écu d'or au soleil, Bayonne (4). TB.
39 Écu d'or au soleil, Poitiers (4). TB.
40 Écu d'or du Dauphiné, Romans (19). TB.
41 Testons au buste couronné, Lyon (42). 2 var. B.
42 Teston au buste coiffé d'un chaperon couronné, Paris (59). B.
43 Teston au buste à la couronne radiée, Lyon (81). TB.
44 Douzains à la croisette, Dijon et Paris (108). 2 p. TB.
45 **Henri II**. Double henri d'or, 1557, Rouen (23). TB. *Voyez planche.*
46 Testons variés (35). 4 p. B.
47 Teston fr. au moulin de Paris, s.d. (52). B.
48 Testons à la grosse tête, 1553, 1554 et 1560, Toulouse (65). 3 p. TB.
49 Testons du Dauphiné, 1561 (60). 2 var. B. et TB.

50 Douzains, Crémieu, Lyon, Moulins, Rouen, etc., et 4 deniers à épouser. 16 p. B.

51 **Charles IX**. Écu d'or au soleil, 1566 (date en lettres), Lyon (1). TB.

52 Écu d'or au soleil, 1567, Lyon (1). TB.

53 Écu d'or au soleil, 1569, Rouen (1). TB.

54 Testons variés (10 et 26). 5 p. B.

55 Demi-testons, Angers 1573, Paris 1567 et Toulouse 1569 (13). 3 var. B.

56 Demi-teston, 1567, Bayonne (16) et double sol parisis (3). 3 var. B.

57 **Henri III**. Écus d'or au soleil, 1587 et 1588, Paris (6). 2 p. TB.

58 Écu d'or au soleil, 1578, Toulouse. Autre variété. TB.

59 Teston, 1575, Poitiers — Francs. 4 var. 5 p. B.

60 Demi-francs, 1587, Bordeaux, Paris et Riom. 3 p. TB.

61 Quarts d'écu (4 p.) et divisions. 12 p. B.

62 **Charles X**. Écu d'or au soleil, 1590, Paris (1). TB. *Voyez planche.*

63 Quarts d'écu, 1590, Rouen et Paris (8). TB.

64 Les Politiques au nom d'Henri III. Douzain, fr. à Toulouse par le maréchal de Joyeuse, 1591. TB. *Rare.*

65 Les Politiques au nom de Charles X. Douzain, 1593, fr. à Riom. B.

66 **Henri IV**. Écu d'or au soleil, 1608, Rouen (5). TB. *Rare. Voyez planche.*

67 Quarts et 8e d'écu. 6 p. B.

68 Quarts d'écu de Navarre et Béarn (29 et 32). 4 p. B.

69 Demi-franc, douzains et denier à épouser. 5 p. B.

70 **Louis XIII**. Écu d'or, 1635, Rouen (6). FDC.

71 Écu d'or, 1643, Rouen (9). TB.

72 Louis d'or à la mèche courte, 1640. B.

73 Louis d'or à la mèche longue, 1641. TB.

74 Quarts d'écu, Angers, etc. (30, 44, 47, 49). 4 p. B.

75 1/2 franc 1615, St-Lô et denier à épouser fr. à Lyon (?). 2 p. TB.

76 Louis d'argent de 30 (2 p.), 15 et 5 sols, 1643. 4 p. TB.

77 **Louis XIV**. Louis d'or à la mèche courte, 1644, Paris (6). TB.

78 Louis d'or à la mèche longue, 1653, Arras (12 var.). TR. *Rare.*

79 Louis d'or à la tête juvénile laurée, 1670, Lyon (22 var.). B.

80 Louis d'or à l'écu, 1691, Rouen (29). FDC. Légères traces de surfrappe.

81 Louis d'or aux 4 L, 1693, Bayonne (33). TB.

82 Louis d'or aux 4 L, 1696, Strasbourg, surfrappé sur une pièce de 1680 (33). TB.

83 Quart d'écu, 1645, Paris (V posé sur un A avec croix et cœur) (*Revue num.*, 1910. Procès-verbaux, p. LXXIV). TB. *Voyez planche.*

84 Mêmes pièces fr. à Bayonne 1647 et 1648, et Bordeaux 1646 (44). 3 p. TB.

85 1/4 et 1/12e d'écu et deniers 1644 (59, 61, 63 et 70). 4 p. B.

86 Écus à la mèche longue, 1649, Toulouse, et 1653, Limoges (74). 2 p. TB.

87 Écu au buste juvénile lauré, 1673, Rennes (102). B.

88 Écu de 1686 et 1/2 écu, 1687 pour la Flandre (128 et 129). B.

89 Écu aux insignes, 1703, Paris, écu et 1/2 écu aux 8 L (153, 174 et 175). B.

90 Écu et 1/2 écu aux 3 couronnes, Riom et Dijon, etc. 9 p. B.

91 Strasbourg. 1/2 écu 1694 et 1710 (281 et 287). 2 p. B.

92 Essai de monnayage au type des quatre L, 1694. Module du double louis. Cuiv. *Voyez planche.*

93 **Louis XV**. Louis d'or dit de Malte, 1718, Metz (9). TB.

94 Louis d'or dit Mirliton, 1724, Paris (14).

95 1/2 louis d'or dit Mirliton, 1724, Paris (15). TB.

96 Louis d'or aux lunettes, 1726, Paris, (16). TB.

97 1/2 louis d'or aux lunettes, 1728, Bayonne (17). B.

98 Double louis d'or au bandeau, 1753, Metz (18). TB.

99 Louis d'or au bandeau, 1744, Lille (19). TB.

100 Demi-louis d'or au bandeau, 1742, Bayonnne (20). B.

101 Écus et quart d'écu dits Vertugadins (26 et 29). 3 p. B.

102 Demi-écu vertugadin, 1716, Grenoble (28). TB.

103 Petit louis d'argent aux 8 L, 1720, Tours (33). B.

104 Écus de Navarre, 1718 (34). 2 p. TB.

105 Quart d'écu de Navarre, 1718, Lyon, 20 sols de Navarre et tiers d'écu de France (36, 37 et 42). 5 p. B.

106 Écus aux lauriers, 1726, Montpellier, 1727, Riom et Troyes, 1731, Pau, et 1740, Reims (50). 5 p. TB.

107 Écu au bandeau, écu à la vieille tête, etc. 4 p. B.

108 **Louis XVI**. Écus 1790, Paris et Marseille, 1/2 écu 1791, etc. 7 p. TB.

109 Écu au type constitutionnel 1792, Limoges et 1793, Montpellier. 2 p. TB.

110 **Révolution**. Monnerons divers, métal de cloche, etc. 23 p. B.

111 Lefevre, Lesage et Cie, 20, 10 et 5 sols, 1792. 4 p. B.
112 Monnaies diverses. Cuiv. 24 p. B.
113 Incendie de Ronciglione, 1799. 2 baiocchi. TB. *Rare.*
114 Bonaparte Ier Consul. Franc, 1/2 et quart de franc, An 12. TB.
115 **Napoléon I.** Franc, an 12 et 2, 1, 1/2 et quart de franc de l'an 13. 6 p. TB.
116 5 et 2 francs et 1/2 franc 1806. FDC. et TB.
117 1/2 et quart de franc 1807 (tête laurée et non laurée). 3 p. TB.
118 2 et 1 francs et 1/2 franc 1808. 4 p. TB.
119 1/2 et quart de franc 1809, 1 et 1/2 franc 1810. 5 p. TB.
120 20 francs, 1811, *Turin*. TB.
121 2 et 1 francs, 1811. 4 p. FDC. et TB.
122 Franc et 1/2 franc, 1812. 2 p. FDC.
123 5 francs, Rouen, et 1/2 franc, 1813. 3 p. FDC.
124 5 francs, 1815 et 1/2 franc, 1814. 2 p. TB.
125 Royaume d'Italie. 5 lire, 1813, Milan. FDC.
126 Iles de France et Bonaparte. 10 livres, 1810. TB.
127 Zara. 1 once, 1813. TB.
128 **Deux-Siciles.** Joseph-Napoléon. Ecu à 120 grani, 1808. TB.
129 **Espagne.** Joseph-Napoléon. Écu à 20 réaux, 1810. FDC.
130 Demi-écu et 4 réaux, 1810. AB. et TB.
131 **Hollande.** Louis-Napoléon. Ecu à 50 stuiver, 1808. TB.
132 **Westphalie.** Jérôme-Nap. Thaler, 1813. TB.
133 **Deux-Siciles.** J.-Murat. 5 lire, 1813. FDC.
134 2 et 1 lire, et 1/2 lira, 1813. 3 p. TB.
135 **Lucques et Piombino.** Félix et Elisa. 5 franchi, 1805. 2 var. TB.
136 Lira 1806, 1807 et 1808, 5 et 2 centesimi, 1806. 5 p. TB.
137 **Florence.** Charles-Louis et M. Aloÿse. 10 lire, 1807. TB.
138 **Neuchâtel.** Berthier. 5 francs 181.. (Etain) et divisions. 5 p. TB.
139 **Confédération** du Rhin. Charles de Dalberg. 1/2 écu, etc. 3 p. TB.
140 **Bavière.** Maximilien-Joseph. Ecus 1808 et 1809, etc. Arg. et cuiv. 15 p. B.
141 **Parme.** Marie-Louise d'Autriche. 5 lire et divisions. Arg. et cuiv. 7 p. FDC. et TB.
142 **Napoléon II.** 10, 5, 2 et 1 centimes, 1816. 4 essais en cuiv. TB.
143 **Louis XVIII.** 20 francs, 1815, Londres. TB.
144 France, 1/2 franc, essais divers, etc. 17 p. FDC. et TB.
145 **Charles X.** 5 et 2 francs, franc, etc. 5 p. FDC. et TB.
146 Essai de Moreau, 1824. Br. 2 var. Module des 5 et 2 francs. FDC.

147 Visites et essais divers. Cuiv. 8 p. TB.
148 **Louis-Philippe**. 5 francs 1830. 2 var. dans la légende et la tranche. TB. et FDC.
149 5 francs et divisions. 10 p. TB. et FDC.
150 Visite à la Monnaie de Rouen, 1831. 2 p. Arg. et br. FDC. et TB.
151 Essais de la presse Thonnelier, 1833 et 1839 (Dew. 11 et 12). Br. module de 5 francs. 2 var. FDC.
152 Essais de Thonnelier pour le peso du Pérou, 1835, Cuzco et 1837, Lima (Fonr. 9057 et 9225). Br. 2 p. TB. *Rares*.
153 Essais divers. Arg. et cuiv. 10 p. TB.
154 **République**. Essais divers. Étain et cuiv. 18 p. TB.
155 Essai de Barre (5 francs), etc. 11 p. FDC. et TB.
156 **Napoléon III**. Essais de Barre en zinc, cuiv., nickel, 1856. Tête nue et aigle (Dew., 14). Module du sou. TB.
157 Essai de 80 réaux, Paris, 1859 p. l'Espagne. Cuiv. B.
158 2 et 1 francs; 50 et 20 cent. au type lauré. 4 p. FDC.
159 **République**. 5 francs à la tête de Cérès, octobre 1870 (Dew. 2). B.
160 5 francs à l'Hercule, novembre 1870 (Dew. 3). TB.
161 5 francs à l'Hercule de la Commune, 1871. FDC.
162 5 francs à l'Hercule, 1873. FDC.
163 2 francs, 1871, 1872, 1873, 1881, franc, 1871 et 1872. 6 p. FDC.
164 50 cent., 1871, 1872, 1873, essais, etc. Arg. et cuiv. 20 p. FDC.

MONNAIES FÉODALES ET ÉTRANGÈRES

165 **Bretagne**, **Navarre**, **Provence**, etc. Arg. et bill. 35 p. B.
166 **Aquitaine**. Édouard III. Demi-gros au châtel (2866). B. *Rare*.
167 **Navarre**. Henri II. Testons 1573 et 1575 et 1/2 1574 (Schl. 76 et 77 var.). 3 p. TB.
168 Henri II. Francs (3 var.) et 1/4 d'écu. 4 p. TB.
169 **Provence**. Jeanne de Naples. Franc à pied (401 var.). Or. B.
170 **Avignon**. Clément VIII. Demi-écu 1599 (4355 var.). Variété inédite ? *Très rare. Voyez planche*.
171 **Orange**. Maurice de Nassau. Demi-franc, 1622 avec GLOR (4593 var.). TB. *Rare. Voyez planche*.

172 **Bourgogne**. Eudes IV. Denier tournois et demi-gros (5687 et 5688). 2 p. B. *Rares*.

173 **Bourgogne, Hainaut, Lorraine, Metz**, etc. 34 p. B.

174 **Alsace** (Landgraviat). Ferdinand, archiduc d'Autriche. Double thaler, s. d. TB.

175 Léopold d'Autriche, abbé de Lure et Murbach. Thaler 1620. TB.

176 **Strasbourg** (évêché). Charles de Lorraine. Quarts d'écu, s. d. et 1603, et 3er de 1602. 3 p. TB.

177 (Ville). Florin d'or à la Vierge, et 12er, s. d. 2 p. TB.

178 **Hanau-Lichtenberg**. Jean-René. Testons, s. d. 2 var. TB.

179 **Allemagne**, Hanovre, Mecklenbourg, Prusse, Wurtemberg, etc. 14 p. B.

180 Lubeck, Munster, Olmutz (évêchés), etc. Thalers, etc. 8 p. TB.

181 Bavière. Charles-Théodore. Thaler de vicariat fr. à Munich, 1792 (Rigg. 2392 — Sch. 530). TB.

182 Gueldre. Arnold. Florin d'or — *Juliers et Berg*. 2 gros variés. 3 p. B.

183 Mansfeld. Tiers de thaler au saint Georges, 1671. TB.

184 Saxe. 2 thalers variés, etc. 6 p. B.

185 Jean-Georges I. 3 thalers dont un carré de 1614 (Reim. 4730). B.

186 Jean-Georges II. Thaler au duc à cheval, 1657. TB.

187 **Angleterre**. Jacques I. Souverain d'or, s. d. TB.

188 **Angleterre et Danemark**. Monnaies diverses. 13 p. B.

189 **Espagne**. Ferdinand et Isabelle, Philippe III, etc. Écus et divisions. 10 p. TB.

190 Ferdinand VII. Écus, 1/2 écu, etc. 9 p. B. et TB.

191 **Italie**. Florence. Écus 1599, 1/2 écu 1676, etc. 5 p. B.

192 Carmagnole. Louis II, marquis de Saluces. Cornabo au buste et au saint Constance à cheval. TB.

193 Gênes. Pièce de 8 lire, 1792. TB.

194 Malte. Emmanuel de Rohan. 20 scudi d'oro, 1778. FDC.

195 Le même. 8 scudi d'oro, 1779. TB.

196 — 1/2 écu à 15 tari, 1776. B.

197 — Écus à 30 tari, 1790 (2 var.) et 2 écus à 2 scudi, 1796. 4 p. TB.

198 Milan. Galeaz-Maria Sforza. Teston. TB.

199 Philippe II. Écu, 1599. TB.

200 Rome. Alexandre VI, Jules II et III. Giulio. 4 p. B. et TB.

201 Paul IV et Pie IV. Testons et giulio. 3 p. TB.

202 Grégoire XIII, Clément X, XI, XII, etc. Écu, testons, etc. 10 p. B.
203 Pie VI et VII, etc. Écus, 1/2 écu, etc. 10 p. B.
204 Léon XII, Grégoire XVI et Pie IX. Écus, etc. 16 p. TB.
205 Savoie. Amédée III, VI, VIII. Deniers et quart ; Emmanuel-Philibert. Parpaïole fr. à Bourg, 1578. 4 p. TB.
206 Sardaigne. Victor-Emm. II. 5 lire, 1858. FDC.
207 Sicile, Venise, etc. Monnaies diverses. Arg. et cuiv. 10 p. TB.
208 **Pays-Bas**. Brabant. Charles-Quint. Florin d'or, Anvers. TB.
209 Le même. Couronne d'or au soleil. Anvers, 1554. TB.
210 Brabant et Flandre. Monnaies diverses. Arg. 13 p. B.
211 Luxembourg. Charles IV, emp. Gros tournois (Serr. 107). TB. *Rare.*
212 Utrecht (Évêché). Rodolphe de Diepholz. Florin d'or. TB.
213 **Pologne**. Écu de Thorn, 1640, etc. 8 p. B.
214 **Portugal**. Jean III. Écus d'or à la croix, s. d. 2 var. TB.
215 **Russie**. Pierre I et II. Roubles, s. d. et 1728, etc. 5 p. TB.
216 **Suède**. Gustave-Adolphe. Écu d'Augsbourg, 1632. B.
217 Charles XII. 2 mark, 1716. TB.
218 Charles XIV (Bernadotte). Rigsdaler, 1834. FDC.
219 Oscar et Charles XV. Écus, etc. 3 p. FDC.
220 **Abyssinie**. Menelik. 2 piastres variées et 10e de piastre. 3 p. B.
221 Piastre et divisions. Coins de Lagrange. 4 p. FDC.
222 **Indes anglaises**. Ceylan, etc. Arg. et cuiv. 15 p.
223 **Chine**. Essai allemand de monnayage au buste de Li Hung Chang, 1896. Arg. TB.

JETONS ET MÉDAILLES

224 Bâtiments du roi ? Château de Castille. Méreau (comp. Mazerolle. *Jetons de la Maison du roi*, p. 42 et *Cat. Rouyer*, p. 33). Cuiv. B.
225 Jeanne d'Albret, reine de Navarre. Jeton à son buste (*Arm.*, II. 112). Laiton. Usé.
226 Gaston d'Orléans, 1641. Soleil éclairant la terre (*A.*, I. 163). Cuiv. TB.
227 Louis XIV. Conseil du roi, 1653. Arg. TB.

228 César, duc de Vendôme. Marine, 1656 et 1658 (*A.*, I. 257 et 258). Cuiv. 2 p. B.

229 Charles-Philippe, comte d'Artois. Joli jeton de sa maison. Arg. TB.

230 Louis-Auguste de Bourbon, duc du Maine, grand maître de l'artillerie, 1697 et 1698. Laiton. 2 var. FDC.

231 — 1700, 1701, 1702 et 1703. Cuiv. 4 p. TB.

232 — 1705, 1706, 1707, 1708 et 1709. Cuiv. 5 p. FDC.

233 — 1711, 1713 (Denain), 1714 et 1715. Cuiv. 4 p. FDC.

234 — 1729, 1731 et 1735. Cuiv. 3 p. TB.

235 Ordinaire des guerres, 1637. Louis XIII galop. à dr. Cuiv. TB.

236 — 1638. Allusion à la consécration de son royaume à la Sainte Vierge par Louis XIII. Laiton. TB. *Rare.*

237 — 1641. Prise d'Arras. Laiton. TB.

238 — 1659. Allusion à la rivalité de Mars et de l'Amour. Cuiv. TB.

239 — 1642. Allusion à la naissance du dauphin. Cuiv. TB.

240 — 1663. Rachat de la ville de Dunkerque. Cuiv. et laiton. 2 p. TB.

241 — 1681 et 1682 (Paparel, trésorier). Cuiv. 2 p. TB.

242 — 1694, 1710 et 1713. Cuiv. et laiton. 3 var. TB. et FDC.

243 — 1720, 1724, 1725, 1726, 1741 et 1747. Cuiv. 6 p. FDC.

244 Extraordinaire des guerres, 1624. Laiton. TB.

245 — 1704, 1724, 1725, 1726 et 1744. Cuiv. 5 p. FDC.

246 Contrôleurs généraux de l'extraordinaire des guerres et cavalerie légère, s. d. Laiton. TB.

247 Chambre de justice, 1645 et chancellerie, 1613. Cuiv. et lait. 2 p. TB.

248 Trésor royal, 1727, 1734 et 1757. Cuiv. 3 p. FDC.

249 Parties casuelles, 1641 (buste de Richelieu). Laiton. TB.

250 — 1713 et 1721 (port de mer). Cuiv. 2 p. FDC

251 Revenus casuels, 1670. Cuiv. TB.

252 Chambre aux deniers, 1619, 1702, 1713, 1726 et 1741. Laiton et cuiv. 5 p. TB. et FDC.

253 Paris. Jean Vambourg, monnayeur, 1652 (*A.* II. 1823). Cuiv. TB.

254 — Procureurs du Châtelet, 1710. Cuiv. FDC.
255 — Syndics généraux des rentes à l'Hôtel de Ville, 1706. Cuiv. FDC.
256 — Teinturiers de bon teint, s. d. (Louis XIV). Laiton. FDC.
257 — Jurés mesureurs et visiteurs de grains, 1716. Laiton. FDC.
258 — Ports de colle, s. d. Saint Louis debout. Cuiv. FDC.
259 — Réunion du clergé, 1675, 1705, 1723. Cuiv. 3 p. TB. à FDC.
260 — Académie de chirurgie (Louis XVI. Coin de DVVIV), etc. Arg. et cuiv. 11 p. B.
261 Machines de Marly. Payeurs des rentes, 1709. Cuiv. TB.
262 Meudon. Chapelle, 1703. Cuiv. FDC.
263 Versailles. Jardin, Orangerie, etc. Cuiv. et arg. 5 p. B.
264 — Écuries du roi. Cuiv. octog. et arg. 3 var. TB.
265 — Les bains d'Apollon. Bâtiments du roi, 1706. Cuiv. FDC.
266 — Vue du grand Trianon, 1689. Cuiv. TB.
267 Rouen (Ville). Vaisseau, 1665. Cuiv. B.
268 — Confrérie du Saint-Sacrement, 1710. Arg. et cuiv. 2 p. TB. et FDC.
269 Le Havre. Nouveau cercle, 1843. 20 francs. Cuiv. octog. TB.
270 Préteval (Normandie). Écu à ses armes entouré d'une banderole à sa devise : « Ce que je puis. » ℟. Croix fleuronnée. Laiton. B. inédit.

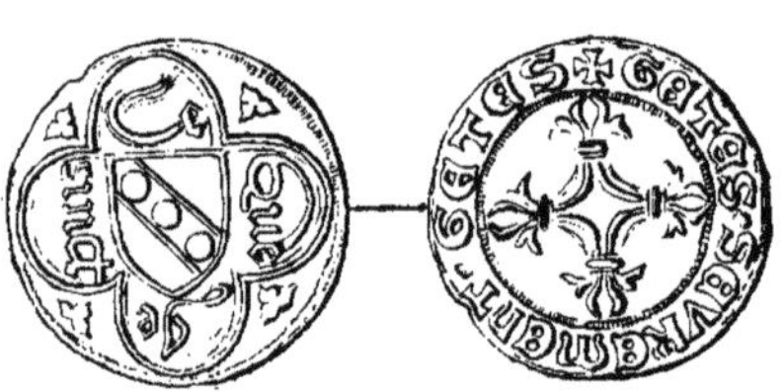

271 Châteaudun. Notaires. Arg. octog. TB.
272 Angers. Robert, maire, 1720. Cuiv. B.
273 Tours. Maires : Cotereau, 1591, Pallu, 1612, Sain, 1614 et Pequineau, 1637. Laiton. 4 p. AB. et B.
274 Bretagne. États, 1740. Arg. TB.
275 Bourges. Bigot, maire, 1643. Laiton. TB.
276 Nevers. Catherine de Lorraine, 1608. Laiton. B.

277 Provence. Jeton en nacre gravé aux armes de Villeneuve-Bargemont. TB. *Rare*.

278 Savoie. Marguerite de France, sœur unique du roi (*A*., I. 53). Laiton. B. *Rare*.

279 — FORTITVDO. EIVS. RODVM. TENVIT. Écusson plein de Savoie et deux guerriers deb. soutenant le lis de France. Cuiv. TB.

280 — Conquête de la Savoie et de la Bresse, 1601. OPPORTVNIVS. Henri IV deb. en Hercule; à ses pieds la Savoie en centaure. Laiton. TB.

281 — Jetons divers. Cuiv. 4 p. B.

282 — Raconis (F. de), trésorier de la gendarmerie de France, 1561. Ses armes. ℞. Femme deb. tenant par la bride deux chevaux bondissant à dr. et à g. (La Tour 162, avers). Laiton. B. *Très rare*.

283 Haute-Loire. Soc. d'agriculture. Jeton de présence. Cuiv. TB.

284 Bourgogne. États, 1584, 1614. Cuiv. 17 p. B.

285 Yonne. Soc. médicale fondée en 1844. Cuiv. octog. FDC.

286 Artois. États. Cuiv. 9 p. B.

287 Cambrai. États sous Louis XIV. Cuiv. FDC.

288 — Ville, sous Louis XVI et Louis-Philippe. Arg. 2 p. TB.

289 Nancy. Ville, 13 jetons variés. Cuiv. B.

290 — Bagard (Ant.), cons. d'État et premier médecin du duc Léopold (Quint. III. 3). Cuiv. FDC. *Très rare*.

291 Verdun. Bousmard, évêque, 1584. Laiton. Usé.

292 Phalsbourg et Lixheim (Henriette de Lorraine, princesse de). Son buste à dr. ℞. Pyramide battue par les flots et les vents. Arg. Inédit. B.

293 Lorraine-Guise. François (tué à Orléans en 1552) et Anne d'Este. Écu aux armes de Guise. ℞. Chiffre (*Arm.*, II. 1363). Cuiv. Usé.

294 — Charles, amiral et pair de France, 1613 (*Arm.*, I, 905). Laiton. Usé.

295 Louis XI, XII et XIII, et Henri IV. 4 grands jetons en argent. TB.

296 Louis XVI. Naissance du dauphin, 1781. Arg. 42 mm. TB.

297 — Prisonniers délivrés par les commerçants de Toulouse, 1775. Arg. 41 mm. TB.

298 — Sa mort, 1793. Coin de Baldenbach. Arg. 46 mm. TB.

299 Bonaparte à Napoléon III. Méd. diverses. Br. TB.

300 Légion d'honneur. Croix de chevalier avec ruban. 1er type. *Très rare. Voyez planche.*

301 — Croix de chevalier avec ruban. 4e type. TB.

302 Louis XVIII. Ordre du Lys. Fleur de lis portant des deux côtés le buste de Louis XVIII, 1814, et surmontée d'une couronne royale. Arg. TB.

303 — Fidélité. Croix à 4 branches émaillées blanc et cantonnées de fleurs de lis, attachée à une couronne. Au centre, le buste de Louis XVIII entouré d'un cercle émaillé bleu avec la devise : DIEU ET LE ROI et au revers, fleur de lis avec cercle émaillé bleu portant : TOUT POUR LE ROI. Ruban avec liseré blanc. TB.

304 — Croix de chevalier de la Légion d'honneur. Buste d'Henri IV et fleur de lis. Avec ruban. TB.

305 Louis-Philippe. Pose de la première pierre de l'Institution des jeunes aveugles, 1839. Br. 51 mm. FDC.

306 — Prix décerné aux instituteurs primaires, Algérie,

1847. Arg. 51 mm., et autres petites médailles. TB.

307 — Croix de chevalier de la Lég. d'honneur. Buste d'Henri IV et drapeaux. Grand et petit modèle. TB.

308 Louis-Nap. Bonaparte. Médaille militaire. 2e type. 2 variétés, etc. 10 p. TB.

309 Napoléon III. Pose de la première pierre de la cathédrale d'Alger, 1853. Arg., coin d'Oudiné. 68 mm. TB.

310 Croix de chevalier de la Légion d'honneur. Grand et petit modèle. 2 p. arg. avec ruban. TB.

311 — Même pièce, petit modèle. Or avec ruban. TB.

312 Médailles d'Italie et Crimée. Arg. 5 p. TB.

313 République. Méd. coloniale, de Madagascar, Tonkin, Dahomey. Arg. 5 p.

313 *bis* Concours régional hippique de Mostaganem, 1892. Arg. 51 mm. TB.

314 Anne-Dorothée, comtesse de Medem, duchesse de Courlande, veuve de Pierre Biron, morte à Altenburg en 1821. Méd. de Laroque, 1812 (*T.N.*, 54.10 — Bramsen 1182). Étain. 23 mm. TB. *Rare.*

315 Méd. de personnages français, méd. de pompiers, etc. Arg. et br.

316 Liège. Joseph-Clément de Bavière. Méd. 1714 (Renesse, 56.1). Étain. 54 mm. B.

317 Espagne. Méd. de la campagne de Cuba, 1873. Arg. TB.

318 Mexique. Méd. dédiée par les mineurs aux jumeaux Charles et Philippe, fils de Charles d'Espagne et de Louise de Parme, 1784. Buste du roi Charles III placé en face des bustes accolés de Charles et de Louise ; au-dessus, les bustes accolés des enfants. ℞. DVM NOVA PROGENIES, etc. Dans un paysage montagneux et minier, le vice-roi debout à côté d'ouvriers ; à l'ex. : SVRGIT, etc. (Fonr. 6394 var.). Arg. 63 mm. TB. *Rare.*

OUVRAGES DE NUMISMATIQUE, etc.

319 Annuaire de la Société française de numismatique et d'archéologie. Paris, 1886 à 1896. 11 vol. grand in-8°. Br.

320 Armand (A.). Les médailleurs italiens des XVe et XVIe siècles. 2e éd. Paris, 1883. 2 vol in-8°. Rel.

321 Artaud (F.). Discours sur les médailles d'Auguste et de Tibère au revers de l'autel de Lyon. Lyon, 1818, avec notes et mémoire sur les recherches d'une statue équestre faites vers l'ancien confluent du Rhône et de la Saône en 1809. In-f°, 12 pl. Rel.

322 Berry (M.). Études et recherches historiques sur les monnaies de France. Paris, 1853. 1 vol. de texte (tome II) et 1 vol. de 90 pl. Rel.

322 *bis* Biedenfeld (F. von). Geschichte und Verfassung aller geistlichen u. weltlichen, erloschenen u. blühenden Ritterorden, etc. Weimar, 1841 et 1846. 2 vol. avec les suppléments reliés en un vol. In-4°. 53 pl. coloriées et tableau chronologique des ordres. *Ouvrage rare sur les ordres de chevalerie.*

322 *ter* Blanchet (A.). Traité des monnaies gauloises. Paris, 1905. 2 vol. in-8°. 4 pl. Br.

323 Cadalvene (Ed. de). Recueil de médailles grecques inédites. Paris, 1828, in-4°. 5 pl. Rel.

324 Caron. Monnaies féodales françaises. Paris, 1882-1884. 3 fascicules, 27 planches. In-4°. Br.

325 Cochet (l'abbé). Répertoire archéologique de la France (dép[t] de la Seine-Inf[re]). Paris, 1871. In-4°. Rel.

326 Combrouse (G.). Catalogue raisonné des monnaies nationales de France. 2 parties avec atlas. Paris, 1839 et 1840. 2 vol. in-f°. Rel.

327 Congrès international de numismatique. Paris, 1900, in-8°. 34 pl. Br.

328 Daremberg et Saglio. Dictionnaire des antiquités grecques et romaines. Paris, 1873 et 1887, 2 parties en 2 vol. in-f°. Rel.

329 Desains (F.). Recherches sur les monnaies de Laon. Saint-Quentin, 1838. Gr. in-4° avec 3 pl. Br.

330 Description de la collection de Ch. Robert. Metz, Toul et Verdun, Lorraine et Barrois, etc. Paris, 1886, avec 14 pl. et prix annotés. In-8°. Br.

331 Dewamin. Cent ans de numismatique française de 1789 à 1889. Paris, 1893-1899, 3 vol. dont un de pl. in-f°. Br.

332 Duby (T.). Recueil général des pièces obsidionales et de nécessité. Paris, 1786, in-f°, 31 pl. Rel. Tranche dorée.

333 Engel et Serrure. Répertoire des sources imprimées de la numismatique française. Paris, 1887 à 1889. 3 vol. in-8°. Br.

333 *bis* Florange (J.). Armorial du Jetonophile. Paris, 1907. 2e vol. in-8°. Br.

334 Forgeais (A.). Collection de plombs historiés trouvés dans la Seine. Paris, 1858 à 1864. 3 séries en 2 vol. reliés. In-8°.

335 Froehner (W.). Les médaillons de l'empire romain depuis le règne d'Auguste jusqu'à Priscus Attale. Paris, 1878, in-4°. Br.

336 Gazette numismatique française, par E. Mazerolle. Paris, 1897 à 1903. Collection en livraisons brochées. In-4°.

337 Guioth. Histoire numismatique de la Révolution belge. Hasselt, 1844 et Bruxelles. In-f° en 2 vol. 62 pl. Br.

338 Leblanc (M.). Traité historique des monnoyes de France. Amsterdam, 1692, avec la dissertation, in-4°. 59 pl. Veau plein.

339 Lelewel (J.). Numismatique du moyen âge, considérée sous le rapport du type. Publiée par J. Straszewicz. 3 parties et atlas composé de tables chronologiques et planches. Paris, 1835, in-8°, complet. Veau pl.

340 — Études numismatiques et archéologiques. 1er vol. Type gaulois ou celtique. 2 vol. avec atlas de tableaux et de planches. Bruxelles, 1840 et 1841, in-8°. Rel.

341 Lenormant. Monnaies et médailles. Paris, nouvelle édition (1884), in-8°. Toile.

342 L'intermédiaire des chercheurs et curieux. 1893 à 1905 et 1911 à 1913 (manquent les nos 616, 891, 917, 919, 924, 926, 944 à 946, 971, 1090 à 1093), in-8°. Br.

343 Longpérier (A. de). Notice sur des monnaies franç. composant la coll. de M. J. Rousseau. Paris, 1847, in-8°. 12 pl. Rel.

344 Mallay (A.). Cours élémentaire d'archéologie sacrée à l'usage des élèves du grand séminaire de Clermont-Ferrand. Clermont, 1844, in-8°. 37 pl. Rel.

345 Marchant (Lettres du baron) sur la numismatique et l'histoire. Paris, 1851, in-8°. 29 pl. Rel.

346 Mionnet. De la rareté et du prix des médailles romaines. Paris, 1858, 2 vol. in-8° avec nombr. pl. Rel.

347 — Poids des médailles grecques d'or et d'argent du Cabinet de France. Paris, 1839, in-8°. Br.

348 Poeÿ-d'Avant (F.). Monnaies féodales de France. Paris, 1858-62, 3 vol. in-4° avec pl. Rel.

349 Rossignol (Cl.). Jetons des États de Bourgogne. Autun, 1851, in-8°. Rel.

350 Rouyer et Hucher. Histoire du jeton au moyen âge. Paris, 1858, in-8°. 17 pl. Rel.

351 (Saulcy). Souvenirs numismatiques de la Révolution de 1848. Paris, 1848, gr. in-4°. Rel. — Liesville. Histoire numismatique de la Révolution de 1848. 6 livraisons. Texte et 72 pl. Paris, 1877, in-4°. Br.

352 Saulcy (de). Histoire numismatique de Henri V et Henri VI, rois d'Angleterre. Paris, 1878, in-4°. Rel.

353 — Histoire numismatique de François Ier, roi de France. Paris, 1876, in-4°. Rel.

353 *bis* — Éléments de l'histoire des ateliers mon. du roy. de France depuis Philippe-Auguste jusqu'à François Ier, 1877. In-4°. Br.

354 Société de sphragistique de Paris. Paris, 1841 à 1855. 4 vol. in-8°. Rel.

355 Zay. Histoire monétaire des colonies françaises. Paris, 1892. In-8°. Br.

356 Belleval (Mis de). Les sceaux du Ponthieu. Paris, 1896, in-8° Br. Lecoy de la Marche. Les sceaux. Paris, s. d. (1889), in-8°. Toile.

357 Lot de brochures et de catalogues.

AUTRE COLLECTION

358 Tarente, Naples, Sicile et Carthage. Arg. et cuiv. 29 p.

359 Thasos et Lysimaque de Thrace. Tétradrachmes. 2 p. dont une trouée.

360 Macédoine, Athènes, etc. Tétradrachmes, etc. 15 p.

361 Syrie, Cappadoce, etc. Tétradrachmes, drachmes, etc. 14 p.

362 République romaine. Antonia, Claudia, Junia, etc. Deniers. 12 p. B.

363 — Licinia, Manlia, Procilia, etc. Deniers et quinaire. 11 p. B.

364 — Satriena, Scribonia, Thoria, Tullia, etc. Deniers. 11 p. B.

365 Pompée. Double tête et proue de vaisseau (16). GB. Belle patine

verte. — As à la tête de Janus et à la tête de Mercure accostée d'une faucille. 227 gr. B.

366 Jules César. Buste ailé de la Victoire. ℞. L. PLANC. PR. VRB. Vase à sacrifice (30). Or. B.

367 Jules César et Marc-Antoine (2). Octave-Auguste (43 et 569). Arg. et GB. 3 p. B.

368 Tibère, Galba (GB. 170), Othon et Vitellius. Arg. et br. 6 p. B.

369 Vespasien et Domitille (coin de Becker). Deniers et GB. 4 p. B.

370 Domitien. Buste l. à dr. ℞. PRINCEPS IVVENTVT. L'Espérance marchant à g. (374). Or. B.

371 Domitien, Trajan, Adrien, Antonin, etc. Deniers. 15 p. B.

372 Gordien le Pieux, Trajan-Dèce, Mariniane, etc. Arg., billon et cuivre.

373 Lot de monnaies romaines en cuivre.

374 Héraclius et Héraclius-Constantin. Sou d'or (S. 18). TB.

375 Monnaies byzantines. Arg. et cuiv. — Plomb au nom de Γ. ANTΩNOC, trouvé à Guelma (Algérie).

376 **Gaule**. Marseille, Narbonne, Volces Tectosages, etc. Arg. et cuiv. 16 p. B.

377 Arvernes. Tête à dr. ℞. Bige à dr. Statère d'or au type macédonien. *Voyez planche*.

378 Arvernes, Petrocores, Sequanes, Leuci, etc. Arg., cuiv. et potin. 33 p.

379 Trevires. LVCOTIOS. Œil et cheval. Statère d'or. B.

380 **France**. Louis le Débonnaire. Denier de Toulouse. Buste de l'empereur à dr. et porte de ville (Gar. XIX. 128). *Voyez planche*.

381 Monnaies carolingiennes. 7 p. TB.

382 Hugues-Capet et Hervée, évêque. Denier de Beauvais (9). B.

383 Robert le Pieux et Adalbéron, évêque. Denier de Laon (10). AB.

384 Louis VI à Philippe VI. Monnaies diverses. 20 pièces.

385 Jean le Bon. Gros blanc à la couronne (25). TB.

386 Charles V à Louis XII. Monnaies diverses. 20 p.

387 François I. Teston, douzains, etc. 5 p. B.

388 Henri II à Charles X. Testons, francs, etc. 14 p. B.

389 Henri IV. Quarts d'écu, demi-francs, etc. 6 p. B.

390 Louis XIII. Quarts d'écu, demi-francs, etc. 6 p. B.

391 Louis XIV, XV, XVI. Demi-écu, etc. 9 p. B.

392 Chartres, Tours, Limoges, Rodez, Cahors, etc. Pièces diverses.

•393 Navarre. Charles le Mauvais. Gros d'argent au buste couronné (P. d'A. 3336). *Voyez planche*.

394 Navarre. Jeanne et Henri II. Testons et franc. 5 p. B.
395 Toulouse. Guillaume IV. Denier (3670). *Voyez planche.*
396 — Bertrand. Denier (3682 et 3683). 2 p. TB.
397 Provence, Clermont, Besançon, etc. Arg. et cuiv.
398 Angleterre. Henri VII. Angelot fr. à Londres. TB.
399 Espagne, Pologne, Italie. Monnaies diverses. Arg. et cuiv. B.
400 Jetons, médailles padouannes et autres, bagues anciennes.
401 Toulouse. Insigne uniface de proxénète juré aux armes de la ville. Cuiv. à bélière, 45 mm. TB. *Rare.*
402 Barthélemy et Blanchet. Nouveaux manuels de numismatique ancienne et du moyen âge et moderne. Paris, 1890 (sans les atlas), etc. 4 vol. reliés et 4 brochures.
403 Blanchet et Dieudonné. Manuel de numismatique française. Paris, 1912, t. I. In-8°. 3 pl. Br.
404 Bulletin de numismatique publié par Serrure. Paris, 1895 à 1906, et recueil de catalogues Serrure. 3 vol. in-8°. Rel.
405 Duchalais. Description des médailles gauloises. Paris, 1846. In-8°. 4 pl. Rel.
406 Hennin. Manuel de numismatique ancienne. Paris, 1872. 2 vol. de textes et 1 atlas. In-8°. Rel.
407 K. (Gérard-Jacob). Traité élémentaire de numismatique ancienne, grecque et moderne. Paris, 1825. 2 t. en 1 vol. In-8°. 8 pl. Rel.
408 Mionnet. De la rareté et du prix des médailles romaines. — Recueil de médailles antiques. Recueil des planches. Paris, 1827 et 1837. 3 vol. in-8°. Rel.

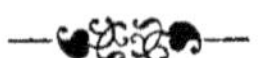

MACON, PROTAT FRÈRES, IMPRIMEURS.

MACON, PROTAT FRÈRES, IMPRIMEURS

www.ingramcontent.com/pod-product-compliance
Ingram Content Group UK Ltd.
Pitfield, Milton Keynes, MK11 3LW, UK
UKHW020409190726
13838UKWH00006B/2337

9 782329 365565